Portugalin ja espanjan yhteistä sanastoa

Jani Koskinen

Portugalin ja espanjan yhteistä sanastoa

© 2021 Koskinen, Jani

Kustantaja: BoD – Books on Demand, Helsinki, Suomi

Valmistaja: BoD – Books on Demand, Norderstedt, Saksa

ISBN: 978-952-80-4710-0

Kansikuva: Fuerteventura 1990-luvun alkupuolella

Kuva: Minna Koskinen

# Sisällys

# Kirjoittajasta

Jani Koskinen (s. 1988 Kirkkonummi) on koulutukseltaan kielitieteilijä. Hän on valmistunut v. 2019 Helsingin yliopistosta maisteriksi pääaineenaan suomalais-ugrilainen kielentutkimus. Sivuaineopintoja hänellä on useista muista kieliaineista. Iberoromaanisista kielistä hän on opiskellut portugalin ja espanjan lisäksi muun muassa galegoa.

Kirjailijan aiempia teoksia:

*Unohda Wales, lähde Kymrinmaahan!* (Books on Demand, 2020)

*Matkaopas gaelinkieliseen Skotlantiin* (Books on Demand, 2021)

*Matkaopas iirinkieliseen Irlantiin* (Books on Demand, 2021)

# Alkusanat

Portugali ja espanja ovat molemmat iberoromaanisia kieliä ja siten läheistä sukua toisilleen. Niissä esiintyy runsaasti sanoja, joiden kirjoitusasu ja perusmerkitys ovat samat tai eroavat toisistaan vain hieman. Tähän kirjaan on otettu mukaan vain sanoja, joiden kirjoitusasu sanakirjamuodossa on tismalleen sama molemmissa kielissä.

Sama kirjoitusasu ei toki välttämättä tarkoita samanlaista ääntämystä, vaan molempien kielten ääntäminen onkin opeteltava erikseen. Kuitenkin jo kirjoitusasujen yhdenmukaisuus saattaa helpottaa sanaston pänttäämiseen liittyvää urakkaa.

Nimisanat (substantiivit) on jaoteltu aihepiireittäin teemasanastoihin. Laatusanat (adjektiivit) ja teonsanat (verbit) esitetään oman sanaluokkakategoriansa alla.

# Eläimet

**alce** *m* hirvi

**alpaca** *f* alpakka

**animal** *m* eläin

**antílope** *m* antilooppi

**arenque** *m* silli; silakka

**ave** *f* lintu

**bicho** *m* ötökkä

**bisonte** *m* biisoni

**brema** *f* lahna; pasuri

**búfalo** *m* puhveli

**cabra** *f* vuohi

**cabrito** *f* kili

**cachalote** *m* kaskelotti

**castor** *m* majava

**chacal** *m* sakaali

**cigarra** *f* kaskas (laulukaskaitten heimosta)

**cisne** *m* joutsen

**concha** *f* simpukankuori

**cuco** *m* käki

**elefante** *m* norsu

**escama** *f* suomu

**fauna** *f* eläimistö

**foca** *f* hylje

**ganso** *m* hanhi

**gato** *m* kissa

**hiena** *f* hyeena

**iguana** *f* iguaani

**larva** *f* toukka

**leopardo** *m* leopardi

**libélula** *f* sudenkorento

**lince** *m* ilves

**lobo** *m* susi

**marmota** *f* murmeli

**marta** *f* näätä

**morsa** *f* mursu

**mosca** *f* kärpänen

**ostra** *f* osteri

**perca** *f* ahven

**perdiz** *f* peltopyy; punapyy

**potra** *f* (tamma)varsa

**potro** *m* (ori)varsa

**pulga** *f* kirppu

**rinoceronte** *m* sarvikuono

**sapo** *m* rupikonna

**tigre** *m* tiikeri

**vaca** *f* lehmä

**víbora** *f* kyy

# Kasvit

**abeto** *m* pihta, jalokuusi

**acacia** *f* akaasia

**álamo** *m* poppeli

**arbusto** *m* pensas

**clorofila** *f* lehtivihreä, klorofylli

**eucalipto** *m* eukalyptus

**flor** *f* kukka

**flora** *f* kasvisto

**jacinto** *m* hyasintti

**lúpulo** *m* humala (kasvi)

**musgo** *m* sammal

**narciso** *m* narsissi

**nenúfar** *m* lumme

**resina** *f* pihka; hartsi

**rosa** *f* ruusu

# Ruoka ja juoma

**aditivo** *m* lisäaine

**alimento** *m* ravinto

**aperitivo** *m* aperitiivi

**arroz** *m* riisi

**banquete** *m* juhla-ateria

**bar** *m* baari

**bebida** *f* juoma

**bocado** *m* suupala

**café** *m* kahvi, kahvila

**caldo** *m* liemi

**canela** *f* kaneli

**caramelo** *m* makeinen, karamelli

**cardamomo** *m* kardemumma

**carne** *f* liha

**caviar** *m* kaviaari

**chocolate** *m* suklaa

**chufa** *f* maakastanja

**churro** *m* tankomunkki

**colza** *f* rapsi

**comida** *f* ruoka

**condimento** *m* mauste

**conserva** *f* säilyke

**gelatina** *f* liivate

**lata** *f* tölkki (metallinen)

**licor** *m* likööri

**lima** *f* limetti

**margarina** *f* margariini

**menta** *f* minttu

**nabo** *m* nauris

**nata** *f* kerma

**ostra** *f* osteri

**ponche** *m* punssi; booli

**proteína** *f* valkuaisaine, proteiini

**ruibarbo** *m* raparperi

**sacarina** *f* sakariini

**sopa** *f* keitto

**tomate** *m* tomaatti

**trigo** *m* vehnä

**trufa** *f* multasieni, tryffeli

**uva** *f* viinirypäle

**vinagre** *m* etikka

# Koti, astiat, huone- ja työkalut

**alfombra** *f* matto

**aparador** *m* astiakaappi, senkki

**apartamento** *m* asunto, huoneisto

**ascensor** *m* hissi

**aspirador** *m* imuri

**balde** *m* sanko, ämpäri

**bandeja** *f* tarjotin

**barril** *m* tynnyri

**broca** *f* poranterä

**cama** *f* sänky

**cancela** *f* veräjä

**casa** *f* talo, koti

**colcha** *f* päiväpeitto

**lima** *f* viila

**mesa** *f* pöytä

**persiana** *f* sälekaihdin

**porcelana** *f* posliini

**sofá** *m* sohva

**trapo** *m* riepu

**válvula** *f* venttiili

# Vaatteet ja ehostautuminen

**alpargata** *f* kangassandaali

**boina** *f* baskeri

**blusa** *f* pusero

**bota** *f* saapas

**camisa** *f* paita

**camiseta** *f* t-paita; aluspaita

**manga** *f* hiha

**mitra** *f* piispanhiippa

**rímel** *m* ripsiväri

**seda** *f* silkki

# Keho

**anular** *m* nimetön (sormi)

**axila** *f* kainalo

**baba** *f* kuola

**barba** *f* parta

**barriga** *f* maha

**boca** *f* suu

**cadáver** *m* ruumis

**cara** *f* kasvot

**caspa** *f* hilse

**cintura** *f* vyötärö

**dedo** *m* sormi

**esqueleto** *m* luuranko

**faringe** *f* nielu

**intestino** *m* suoli

**laringe** *f* kurkunpää

**mandíbula** *f* alaleuanluu

**mucosa** *f* limakalvo

**músculo** *m* lihas

**nuca** *f* niska

**placenta** *f* istukka

**próstata** *f* eturauhanen

**retina** *f* verkkokalvo

**saliva** *f* sylki

**testículo** *m* kives

**tórax** *m* rintakehä

**uretra** *f* virtsaputki

**útero** *m* kohtu

**úvula** *f* kitakieleke

**vértebra** *f* nikama

# Lääketiede

**alergia** *f* allergia

**analgésico** *m* särkylääke

**antibiótico** *m* antibiootti

**antídoto** *m* vastamyrkky

**asma** *f* astma

**aspirina** *f* aspiriini

**carcinoma** *m* karsinooma

**cicatriz** *f* arpi

**codeína** *f* kodeiini

**daltonismo** *m* värisokeus

**difteria** *f* kurkkumätä

**escarlatina** *f* tuhkarokko

**escorbuto** *m* keripukki

**feto** *m* sikiö

**gangrena** *f* kuolio

**glaucoma** *m* silmänpainetauti, glaukooma

**gota** *f* kihti; pisara, tippa

**hemoglobina** *f* verenpuna, hemoglobiini

**hemorragia** *f* verenvuoto, insuliini

**insulina** *f* insuliini

**leucemia** *f* verisyöpä, leukemia

**linfa** *f* imuneste

**morfina** *f* morfiini

**parto** *m* synnytys

**peste** *f* rutto

**quinina** *f* kiniini

**radioterapia** *f* sädehoito

**raquitismo** *m* riisitauti

**sarna** *f* syyhy

**sintoma** *m* oire

**varicela** *f* vesirokko

**veneno** *f* myrkky

**verruga** *f* syylä

# Kemia

**ácido** *m* happo

**álcali** *m* emäs, alkali

**átomo** *m* atomi

**bromo** *m* bromi

**carbonato** *m* karbonaatti

**carbono** *m* hiili

**cloro** *m* kloori

**cobalto** *m* koboltti

**cobre** *m* kupari

**flúor** *m* fluori

**hidrato** *m* hydraatti

**molécula** *f* molekyyli

**níquel** *m* nikkeli

**nitrato** *m* nitraatti

**óxido** *m* oksidi

**proteína** *f* valkuaisaine, proteiini

**química** *f* kemia

**salitre** *m* salpietari

# Mittayksiköt

**centilitro** *m* senttilitra

**centímetro** *m* senttimetri

**decilitro** *m* desilitra

**decímetro** *m* desimetri

**litro** *m* litra

**metro** *m* metri

**mililitro** *m* millilitra

**milímetro** *m* millimetri

**palmo** *m* vaaksa

# Maasto

**abismo** *m* kuilu, rotko

**bosque** *m* metsä

**campo** *m* maaseutu, pelto, niitty, kenttä

**caverna** *f* luola

**colina** *f* mäki, kukkula, kumpu

**gruta** *f* luola

**lago** *m* järvi

**lava** *f* laava

**pasto** *m* laidun

# Kaupunki, paikat ja rakennukset

**aduana** *f* tulli

**alameda** *f* puistokatu

**albergue** *m* majatalo

**altar** *m* alttari

**asfalto** *m* asvaltti

**banco** *m* pankki; penkki

**biblioteca** *f* kirjasto

**catedral** *f* tuomiokirkko, katedraali

**centro** *m* keskus, keskusta, keskipiste

**circo** *m* sirkus

**cúpula** *f* kupoli

**esquina** *f* (kadun)kulma

**hospital** *m* sairaala

**hotel** *m* hotelli

**lugar** *m* paikka, sija

**mapa** *m* kartta

**muro** *m* muuri

**pedestal** *m* jalusta (patsaan tai pylvään)

**pórtico** *m* pylväikkö, pylväskäytävä, pylväshalli

**poste** *m* tolppa, pylväs

**semáforo** *m* liikennevalo

**teatro** *m* teatteri

**templo** *m* temppeli

**torre** *f* torni

**túnel** *m* tunneli

**viga** *f* palkki

**zona** *f* alue, vyöhyke

# Kulkuvälineet

**aro** *m* vanne, rengas

**balsa** *f* lautta

**bicicleta** *f* polkupyörä

**canoa** *f* kanootti

**carburador** *m* kaasutin

**gasolina** *f* bensiini

**hangar** *m* lentokonehalli

**helicóptero** *m* helikopteri

**pedal** *m* poljin, pedaali

**popa** *f* laivan perä

**proa** *f* keula

**taxímetro** *m* taksamittari

# Ilmansuunnat

**este** *m* itä

**nordeste** *m* koillinen

**noroeste** *m* luode

**norte** *m* pohjoinen

**oeste** *m* länsi

# Hallintoalueet ja valtiomuodot

**comarca** *f* seutukunta

**condado** *m* kreivikunta

**ducado** *m* herttuakunta

**país** *m* maa

**reino** *m* kuningaskunta

**república** *f* tasavalta

# Maat ja maanosat

**África** *f* Afrikka

**América** *f* Amerikka

**Bélgica** *f* Belgia

**Canadá** *m* Kanada

**China** *f* Kiina

**Chipre** *m* Kypros

**Dinamarca** *f* Tanska

**Estados Unidos** *mpl* Yhdysvallat

**Europa** *f* Eurooppa

**Holanda** *f* Hollanti

**Irlanda** *f* Irlanti

**Luxemburgo** *m* Luxemburg

**México** *m* Meksiko

**Noruega** *f* Norja

**Portugal** *m* Portugali

**Reino Unido** *m* Yhdistynyt kuningaskunta

# Musiikki

**batuta** *f* tahtipuikko

**guitarra** *f* kitara

**música** *f* musiikki

**ópera** *f* ooppera

**opereta** *f* operetti

**polca** *f* polkka

**ritmo** *m* rytmi

**serenata** *f* serenadi

**sonata** *f* sonaatti

**tambor** *m* rumpu

# Ajanmääreet

**abril** *m* huhtikuu

**agosto** *m* elokuu

**anualmente** vuosittain

**década** *f* vuosikymmen

**diariamente** päivittäin

**domingo** *m* sunnuntai

**hora** *f* tunti, (kellon)aika, hetki

**sábado** *m* lauantai

**semana** *f* viikko

# Laatusanat (adjektiivit)

**acerbo** karvas, kirpeä

**ácido** hapan

**afortundo** onnekas

**ágil** ketterä

**agudo** terävä

**alado** siivekäs

**alcalino** emäksinen

**alegre** iloinen

**alérgico** allerginen

**alienado** mielenvikainen

**alto** korkea

**árido** kuiva, karu

**azul** sininen

**azulado** sinertävä

**barato** halpa

**caro** kallis

**convexo** kupera

**cruel** julma

**deprimente** masentava

**diferente** erilainen

**difícil** vaikea

**divertido** hauska

**duro** kova

**ecológico** ekologinen

**elegante** tyylikäs

**enorme** valtava

**esbelto** solakka

**eterno** ikuinen

**excelente** erinomainen

**exótico** eksoottinen

**fácil** helppo

**feliz** onnellinen

**firme** luja

**gordo** lihava

**grande** suuri, iso

**hábil** taitava

**histórico** historiallinen

**ilegal** laiton

**impaciente** kärsimätön

**importante** tärkeä

**internacional** kansainvälinen

**irreal** epätodellinen

**manso** kesy

**mudo** mykkä

**normal** normaali

**nutritivo** ravitseva

**pálido** kalpea

**pantanoso** soinen, rämeinen

**patriótico** isänmaallinen

**pobre** köyhä; parka

**poético** runollinen

**rápido** nopea

**rico** rikas

**seco** kuiva

**tóxico** myrkyllinen

**triste** surullinen

**único** ainoa; ainutlaatuinen

**venenoso** myrkyllinen

**verde** vihreä

**vicioso** paheellinen

# Teonsanat (verbit)

**abrir** avata

**acampar** leiriytyä

**acelerar** kiihdyttää

**acusar** syyttää

**alegrar** ilahduttaa

**alojar** majoittaa

**amputar** amputoida

**apagar** sammuttaa

**aparcar** pysäköidä

**aperecer** ilmestyä

**aprender** oppia

**arar** kyntää

**bailar** tanssia

**beber** juoda

**bombardear** pommittaa

**bombear** pumpata

**boxear** nyrkkeillä

**bramar** mylviä

**buscar** etsiä, hakea

**cambiar** vaihtaa, muuttaa

**cansar** väsyttää

**cantar** laulaa

**cegar** sokaista

**comer** syödä

**comparar** verrata

**competir** kilpailla

**comprar** ostaa

**condimentar** maustaa

**confiscar** takavarikoida

**congelar** jäädyttää, pakastaa

**consolar** lohduttaa

**construir** rakentaa

**contaminar** saastuttaa

**continuar** jatkaa, jatkua

**conversar** keskustella

**correr** juosta

**corroer** syövyttää

**crepitar** rätistä

**cuidar** hoitaa, huolehtia

**curar** parantaa (terveeksi)

**dar** antaa

**decapitar** mestata

**decidir** päättää, tehdä päätös

**despertar** herättää

**destilar** tislata

**devolver** palauttaa

**disparar** laukaista (ase), ampua

**dormir** nukkua

**durar** kestää

**encerar** vahata

**enriquecer** rikastuttaa, rikastaa

**entrevistar** haastatella

**enviar** lähettää

**equilibrar** tasapainottaa

**escamar** suomustaa

**esquiar** hiihtää

**evacuar** evakuoida

**evitar** välttää

**exigir** vaatia

**falsificar** väärentää

**fecundar** hedelmöittää

**forrar** vuorata

**fortificar** linnoittaa

**fumar** tupakoida

**galopar** laukata

**germinar** itää

**gritar** huutaa

**hipnotizar** hypnotisoida

**impedir** estää

**inventar** keksiä

**irritar** ärsyttää

**jurar** vannoa

**lavar** pestä

**limar** viilata

**linchar** lynkata

**matar** tappaa

**mencionar** mainita

**mendigar** kerjätä

**mentir** valehdella

**morder** purra

**mugir** ammua

**multar** sakottaa

**nadar** uida

**nevar** sataa lunta

**obedecer** totella

**odiar** vihata

**pagar** maksaa

**pastar** laiduntaa

**patinar** luistella

**pedir** pyytää

**pensar** ajatella

**perder** menettää, kadottaa, hukata, hävittää, hävitä

**pescar** kalastaa

**pintar** maalata

**poder** voida

**preceder** edeltää

**preocupar** huolestuttaa

**prometer** luvata

**publicar** julkaista

**relinchar** hirnua

**remar** soutaa

**repetir** toistaa

**respirar** hengittää

**rezar** rukoilla

**roer** jyrsiä

**roncar** kuorsata

**saber** tietää, osata

**sacrificar** uhrata

**salvar** pelastaa

**soldar** hitsata, juottaa

**supurar** märkiä

**tatuar** tatuoida

**tocar** koskea, koskettaa, soittaa (soitinta)

**tomar** ottaa

**torturar** kiduttaa

**usar** käyttää

**vender** myydä

**viajar** matkustaa

**vomitar** oksentaa

**votar** äänestää

# Sekalaista sanastoa

**alambique** *m* tislain, tislauslaite, tislausastia

**alma** *f* sielu

**antena** *f* antenni; tuntosarvi

**arado** *m* aura

**árbitro** *m* erotuomari; välitystuomari

**arca** *f* arkku; arkki

**arma** *f* ase

**armada** *f* sotalaivasto

**aventura** *f* seikkailu

**bala** *f* luoti

**boda** *f* häät

**bordado** *m* kirjonta

**borla** *f* tupsu

**bosta** *f* sonta

**bruma** *f* usva

**cal** *f* kalkki

**calor** *m* lämpö, kuumuus, helle

**capricho** *m* oikku, päähänpisto

**cera** *f* vaha

**cetro** *m* valtikka

**contrabando** *m* salakuljetus

**coronel** *m* eversti

**cruz** *f* risti

**cruzada** *f* ristiretki

**cultura** *f* kulttuuri

**dedal** *m* sormustin

**diamante** *m* timantti

**emboscada** *f* väijytys

**entrevista** *f* haastattelu

**esfinge** *f* sfinksi

**esgrima** *f* miekkailu

**esmalte** *m* emali

**esmeralda** *f* smaragdi

**espada** *f* miekka

**espuma** *f* vaahto

**estribo** *m* jalustin (ratsastuksessa)

**fantasma** *m* aave

**flecha** *f* nuoli

**gel** *m* geeli

**gesto** *m* ele

**gramática** *f* kielioppi

**grito** *m* huuto

**grupo** *m* ryhmä

**guerra** *f* sota

**jaula** *f* häkki

**lágrima** *f* kyynel

**lingote** *m* harkko

**lupa** *f* suurennuslasi

**luz** *f* valo; sähkö

**manivela** *f* kampi

**marido** *m* aviomies

**mártir** *mf* marttyyri

**mendigo** *m* kerjäläinen

**mentira** *f* valhe

**metal** *m* metalli

**multa** *f* sakko

**mundo** *m* maailma

**neblina** *f* utu

**nevada** *f* lumisade

**núcleo** *m* ydin

**olfato** *m* hajuaisti

**página** *f* (kirjan)sivu

**pausa** *f* tauko

**paz** *f* rauha

**pecado** *m* synti

**pincel** *m* sivellin, pensseli

**pocilga** *f* sikolätti

**política** *f* politiikka

**problema** *m* ongelma

**programa** *m* ohjelma

**radar** *m* tutka

**rapé** *m* nuuska

**revólver** *m* revolveri

**rublo** *m* rupla

**sebo** *m* tali

**sílaba** *f* tavu

**sol** *m* aurinko

**sombra** *f* varjo

**telégrafo** *m* lennätin

**urna** *f* uurna

**vapor** *m* höyry

**verbo** *m* teonsana, verbi

**vez** *f* kerta